Neue Lieder II

Begleitsätze für Posaunenchöre

zum
„Angebot für die Gemeinden
der Evangelischen Landeskirche
in Württemberg"

herausgegeben
von
Wilhelm Mergenthaler
unter Mitarbeit von
Erhard Frieß und
Helmut Schweiker

Schriftenniederlage des
Evangelischen Jugendwerks
in Württemberg GmbH, Stuttgart

Diese Begleitsätze zum Liedheft NEUE LIEDER II wurden als Sonderausgabe für die Posaunenchöre im Bereich des Evangelischen Jugendwerks in Württemberg herausgegeben.

Die in dieser Veröffentlichung enthaltenen Werke sind urheberrechtlich geschützt. Deshalb ist das Fotokopieren und/oder Nachdrucken der Originale, sowie das Herstellen und Vervielfältigen von Abschriften jeder Art – auch die Abschrift der Texte – nur mit Erlaubnis möglich.

Anfragen sind schriftlich an die jeweiligen Verlage bzw. an die Schriftenniederlage des Evang. Jugendwerks in Württemberg GmbH, Danneckerstr. 19 a, 7000 Stuttgart 1, zu richten.

Satz und Notengrafik: Margrit Seyffer, 7302 Ostfildern 2 - Nellingen
Gesamtherstellung: Omnitypie, 7000 Stuttgart 80

1. Auflage 1984
ISBN 3-922813-06-2

© Copyright 1984 by Schriftenniederlage des Evang. Jugendwerks in Württ. GmbH, Stuttgart
Alle Rechte vorbehalten

VORWORT

Die Sammlung NEUE LIEDER II – die vom Evangelischen Oberkirchenrat im Mai 1983 herausgegeben wurde – hat sich als ein gutes Angebot für die Gemeinden der Evangelischen Landeskirche in Württemberg erwiesen.
Schon während der Zusammenstellung des Liedheftes planten wir dazu eine Bläser-Ausgabe.

Für unsere Posaunenchöre bedeuten die Begleitsätze eine willkommene Möglichkeit, neben den EKG-Chorälen (Posaunenchoralbuch) nun auch die neuen Lieder begleiten zu können.

Nach reiflicher Überlegung wurde entschieden, das bisherige Bläser-Begleitheft NEUE LIEDER I nicht mehr aufzulegen, sondern ein neues Begleitbuch anzubieten, das in der Reihenfolge des Heftes NEUE LIEDER II angelegt ist.

An wenigen Stellen mußten wir die Nummern-Folge wechseln, um zu vermeiden, daß die Bläser mitten im Lied umblättern müssen (Beispiel: das Lied 759 kommt vor dem Lied 758).

Zusätzlich wurden in einem Anhang nach dem letzten Lied einige „Liturgische Stücke" aufgenommen, die unsere Posaunenchöre im Gemeinde-Gottesdienst brauchen.

Entsprechend der inhaltlichen und stilistischen Vielfalt der neuen Lieder wurden auch die Begleitsätze sehr unterschiedlich angefertigt. Bei Liedern, die nur einen Begleitsatz haben, möchte ich empfehlen, abwechselnd einen Vers mit dem vierstimmigen Satz, dann einen Vers mit einstimmig geblasener Melodie zu begleiten. Bei Liedern mit mehreren Sätzen kann man nach A-B-A usw. wechseln. Genaue Absprachen sind in jedem Fall wichtig!

Bezüglich der Intonationen haben wir den Komponisten freie Hand gelassen. Gelegentlich kann man auch einen Begleitsatz oder einen Teil davon als Intonation verwenden. Beim Einüben muß ohnedies die Melodie ganz vorgespielt werden.

Einfallsreichtum bei der Gestaltung der Sätze, auch bezüglich der Artikulation und Phrasierung, ist den Chorleitern erlaubt! Die Lieder müssen auf jeden Fall von Text und Melodie her, auch singend erarbeitet werden. Deswegen haben wir, soweit es räumlich ging, auch Texte eingesetzt.

Herzlichen Dank sage ich den Komponisten für die Bereitstellung der Sätze, sowie auch Erhard Frieß und Helmut Schweiker für die Mithilfe beim Zusammenstellen und Korrekturlesen.

Ebenso danke ich dem Hänssler-Verlag für alle Unterstützung, sowie Adolf Fischer, der die mühevolle Kleinarbeit übernommen hat, die verlagsrechtlichen Dinge zu regeln.

Den Posaunenchören und den Gemeinden wünsche ich viel Freude beim gemeinsamen Singen und Musizieren.

„Auf und macht die Herzen weit,
euren Mund zum Lob bereit!
Gottes Güte, Gottes Treu
sind an jedem Morgen neu."

Im Sommer 1984

Wilhelm Mergenthaler

Martin Luther:

Wo die Musik sich mit dem
Wort verbindet, da kann sie
wie nichts anderes das Wort
eindringlich machen.
Bis orat, qui cantat
(doppelt betet, wer singt).

Alphabetisches Inhaltsverzeichnis

Agnus Dei (Kanon)	794
Am hellen Tag kam Jesu Geist	701
Auf und macht die Herzen weit	702
Ausgang und Eingang, Anfang und Ende (Kanon)	704
Bevor die Sonne sinkt, will ich den Tag bedenken	703
Bleib bei uns, wenn der Tag entweicht	705
Brich mit den Hungrigen dein Brot	706
Christus ist auferstanden (Kanon)	708
Christus ist auferstanden, Freud ist in allen Landen	707
Christus ist geboren! O stellt euch dieses Wunder vor	709
Danke für diesen guten Morgen	710
Das ist unser täglich' Brot (Kanon)	756
Daß du mich einstimmen läßt in deinen Jubel	712
Der Gottesdienst soll fröhlich sein	714
Der Herr ist mein Hirte (Kanon)	722
Der Herr segne dich und behüte dich	716
Der Himmel, der ist, ist nicht der Himmel, der kommt	715
Der Himmel geht über allen auf (Kanon)	741
Der Tag, mein Gott, ist nun vergangen	718
Die Kirche ist gegründet allein auf Jesus Christ	719
Die Nacht zu Bethlehem ist unser Tag	717
Diesen Tag, Herr, leg ich zurück in deine Hände	720
Die Welt lebt von Worten, die Gott zu uns spricht	721
Du hast gesagt: „Ich bin der Weg"	723
Du hast uns, Herr, gerufen, und darum sind wir hier	724
Du läßt die liebe Sonne scheinen	725
Du schöner Lebensbaum des Paradieses	726
Ehre sei Gott (Kanon)	713
Ehre sei Gott in der Höhe	807
Einander aufzunehmen, wie du es hast getan	727
Einer, der sein Kleid abgibt einem armen Kind	728
Einer hat uns angesteckt mit der Flamme der Liebe	729
Ein jeder soll im Frieden sein	730
Ein Schiff, das sich Gemeinde nennt	731
Erd und Himmel sollen singen vor dem Herrn der Herrlichkeit	732
Er ist das Brot, er ist der Wein	733
Er weckt mich alle Morgen	734
Feuer, Feuer, das erhellt, Liebe, Liebe für die Welt	735
Freue dich und glaube fest	736
Freunde, daß der Mandelzweig wieder blüht und treibt	738
Freut euch, ihr Christen, erstanden ist der Herr	790
Friede sei mit dir	739
Fürchte dich nicht, gefangen in deiner Angst	740
Gehe ein in deinen Frieden	742
Gelobt sei deine Treu, die jeden Morgen neu	743
Gib uns Frieden jeden Tag	745
Gleichwie mich mein Vater gesandt hat	744
Gloria in excelsis Deo (Kanon)	713
Gottes Stimme laßt uns sein (Kanon)	737
Gott füllt den Himmel und das Meer	746

Gott gibt ein Fest, und alle sollen kommen	747
Gott hat das erste Wort. Es schuf aus Nichts die Welten	748
Gott ist für mich wie ein guter, treuer Hirt	790
Gott liebt diese Welt und wir sind sein Eigen	749
Halleluja! Freut euch, ihr Christen, erstanden ist der Herr	790
Halleluja! Gott ist für mich wie ein guter, treuer Hirt	790
Halleluja! Suchet zuerst Gottes Reich in dieser Welt	790
Herr, deine Liebe ist wie Gras und Ufer	750
Herr, dieses Kind, dir dargebracht	751
Herr, du hast darum gebetet, daß wir alle eines sei'n	752
Herr, erbarme dich	806
Herr, gib mir Mut zum Brückenbauen	753
Herr, gib uns Mut zum Hören	754
Herr, segne uns, laß uns dir dankbar sein	755
Herr, unser Herrscher, wie herrlich bist du	757
Hilf, Herr meines Lebens	759
Himmel, Erde, Luft und Meer, sie sind alle sein	758
Ich rede, wenn ich schweigen sollte	760
Ich sage „Ja" zu dir	761
Ich singe dein Lob in den Tag hinein	762
Ich sitze oder stehe, ich liege oder gehe	765
Ich werfe meine Fragen hinüber wie ein Tau von einem Schiff	763
Ihr werdet die Kraft des Heiligen Geistes empfangen	764
Im Dunkel des Tages erwarten wir, daß das Licht aufscheint	768
Ins Wasser fällt ein Stein, ganz heimlich, still und leise	766
Jeder knüpft am eignen Netz	767
Jesu Friede sei mit allen	769
Komm, Herr, segne uns, daß wir uns nicht trennen	771
Komm in unsre stolze Welt, Herr, mit deiner Liebe Werben	772
Korn, das in die Erde in den Tod versinkt	773
Kreuz, auf das ich schaue, steht als Zeichen da	770
Kyrie eleison	805
Laß uns in deinem Namen, Herr, die nötigen Schritte tun	775
Liebe ist nicht nur ein Wort	774
Lobet den Herrn, unter uns erblüht sein Stern	776
Lobet Gott, ihr Menschen! (Psalm 150)	812
Magnificat anima mea (Kanon)	711
Mit lauter Stimme ruf' ich zum Herrn	810
Nie mehr wirst du von uns weichen, Herr, unser Leben	777
Nun gehören unsre Herzen ganz dem Mann von Golgatha	778
O Herr, mach' mich zu einem Werkzeug deines Friedens	811
O Herr, nimm unsre Schuld, mit der wir uns belasten	779
Ohne Wasser können wir nicht leben	780
O Lamm Gottes, das du trägst die Sünde der Welt (Kanon)	794
Preise den Herrn, o meine Seele, freue dich (Kanon)	711
Sag ja zu mir, wenn alles nein sagt	782
Segne uns, o Herr! Laß leuchten dein Angesicht über uns	809
Singet, danket unserm Gott, der die Welt erschuf	781
Singet dem Herrn ein neues Lied, denn er tut Wunder	784
Singt das Lied der Freude über Gott	785
Singt dem Herrn ein neues Lied, singt ihm, alle Welt	783

Singt und tanzt und jubelt laut vor Freuden	786
Soviel Freude hast du, Gott, in die Welt gegeben	787
Stern über Bethlehem, zeig uns den Weg	788
Strahlen brechen viele aus einem Licht	789
Suchet zuerst Gottes Reich in dieser Welt	790
Ubi caritas	813
Unser Leben sei ein Fest	791
Vater unser im Himmel	793
Vater unser, Vater im Himmel	792
Weil Gott in tiefster Nacht erschienen	795
Wenn wir jetzt weitergehen, dann sind wir nicht allein	796
Wer bringt dem Menschen, der blind ist, das Licht	797
Wer getragen wird, kann tragen	798
Wer wohnt unterm Schirm des Höchsten (Psalm 91)	808
Wir bitten, Herr, um deinen Geist	799
Wir sind eins in dem Herren, wir sind eins in dem Geist	800
Wir sind mitten im Leben zum Sterben bestimmt	802
Wir sprechen verschiedene Sprachen, wir wohnen hier und dort	801
Wo die Liebe wohnt und Güte, da ist unser Gott	813
Wo ein Mensch Vertrauen gibt	803
Wohin denn sollen wir gehen	804
Anhang: Liturgische Stücke	814

> Hinweis:
>
> Das Heft „Neue Lieder II – ein Angebot für die Gemeinden"
> enthält auch ein „Thematisches Inhaltsverzeichnis"

Am hellen Tag kam Jesu Geist 701

Text und Weise: Dieter Trautwein
Intonation: Rolf Schweizer
Begleitsatz: Walther Haffner

Aus: Gerd Watkinson „111 Kinderlieder zur Bibel";
Rechte: Christophorus-Verlag, Freiburg und Verlag Ernst Kaufmann, Lahr

702 Auf und macht die Herzen weit

Weise: Chinesisches Lied nach Psalm 136
Satz A: Paul-Ernst Ruppel
Satz B: Werner Göttle

A *Strophen*

1. Auf und macht die Her-zen weit, eu-ren Mund zum Lob be-reit:

Kehrvers (Melodie)

Got-tes Gü-te, Got-tes Treu sind an je-dem Mor-gen neu.

Got-tes Gü-te, Got-tes Treu sind je-den Mor-gen neu.

(8) (ad lib.)

B (solo ad lib.)

(Melodie)

(Melodie)

Rechte Text: Gustav Bosse Verlag, Regensburg
Rechte Satz: Verlag Singende Gemeinde, Wuppertal

Text: J. Chr. Hampe

Bevor die Sonne sinkt 703

Weise: Martin Striebel / Kurt Schmid
Satz: Martin Striebel 1971

Aus: „Neue geistliche Lieder"
Rechte: Gustav Bosse Verlag, Regensburg

Text: Christa Weiß / Kurt Rommel

Ausgang und Eingang 704

Text und Kanon: Joachim Schwarz 1962

Rechte: Burckhardthaus-Laetare Verlag GmbH, Gelnhausen

705 Bleib bei uns, wenn der Tag entweicht

Intonation

Melodie und Satz: Horst Weber 1967/1980

1. Bleib bei uns, wenn der Tag entweicht, wenn uns die Finsternis beschleicht wenn wir voll Not ins Dunkle sehn, wenn wir in Ängsten schier vergehn. Bleib bei uns, Herr, halt du die Wacht, gib deinen Frieden diese Nacht.

Aus: „Der Zündschlüssel"
Rechte: Fidula-Verlag, Boppard/Rhein

Text: Arno Pötsch 1952

Brich mit den Hungrigen dein Brot 706

Weise: Peter Janssens
Sätze: Hans-Jürgen Hufeisen

3. Teil mit den Einsamen dein Haus,
   such mit den Fertigen ein Ziel,
   brich mit den Hungrigen dein Brot,
   sprich mit den Sprachlosen ein Wort.

4. Sing mit den Traurigen ein Lied,
   teil mit den Einsamen dein Haus,
   such mit den Fertigen ein Ziel,
   brich mit den Hungrigen dein Brot.

Rechte: Peter Janssens Musik Verlag, Telgte
Rechte des Arrangements bei H.-J. Hufeisen

Aus: „Unkraut Leben", 1977
Text: Friedrich Karl Barth

707 Christus ist auferstanden, Freud ist in allen Landen

Intonation   Satz: Paul-Ernst Ruppel 1984

Text und Weise: Nach einem alten Osterruf aus dem Kölner Gesangbuch 1623
Rechte: Verlag Singende Gemeinde, Wuppertal

Christus ist auferstanden 708

Aus: „Sing mit V"
Rechte: Burckhardthaus-Laetare Verlag GmbH, Gelnhausen

Text: Altkirchlich
Kanon: Herbert Beuerle 1969

Christus ist geboren! 709

Text und Weise: Kurt Rommel 1969
Satz: Herbert Beuerle 1984

Aus: Herbert Beuerle „Schöne Musika"
Rechte: Burckhardthaus-Laetare Verlag GmbH, Gelnhausen

710 Danke für diesen guten Morgen

Text und Weise: Martin Gotthard Schneider 1961
Satz A: Erhard Frieß 1984
Satz B: Wilhelm Schmidt 1982

A

1. Danke für diesen guten Morgen, danke für jeden neuen Tag.
Danke, daß ich all meine Sorgen auf dich werfen mag.

Satz A wurde nach einer Vorlage von M. G. Schneider für Bläser eingerichtet von E. Frieß

B *(Melodie im Tenor)*

2. Danke für alle guten Freunde,
   danke, o Herr, für jedermann.
   Danke, wenn auch dem größten
   Feinde ich verzeihen kann.

3. Danke für meine Arbeitsstelle,
   danke für jedes kleine Glück.
   Danke für alles Frohe,
   Helle und für die Musik.

4. Danke für manche Traurigkeiten,
   danke für jedes gute Wort.
   Danke, daß deine Hand mich leiten
   will an jedem Ort.

5. Danke, daß ich dein Wort verstehe,
   danke, daß deinen Geist du gibst.
   Danke, daß in der Fern' und Nähe
   du die Menschen liebst.

6. Danke, dein Heil kennt keine Schranken,
   danke, ich halt mich fest daran.
   Danke, ach Herr, ich will dir danken,
   daß ich danken kann.

Aus dem Liedheft „Danke" BE 214
Rechte: Gustav Bosse Verlag, Regensburg

Magnificat anima mea 711

Kanon: J. Berthier

Aus: „Gesang aus Taizé"
© Les Presses de Taizé
Deutsche Rechte: Christophorus-Verlag, Freiburg i. Br.

712 Daß du mich einstimmen läßt in deinen Jubel

Text und Weise: Jesus-Bruderschaft
Sätze: Wilhelm Mergenthaler, 1979

Intonation

Refrain
Daß du mich ein-stim-men läßt in dei-nen Ju - bel, o Herr, dei-ner En-gel und himm-li-schen Hee-re,

das er - hebt mei -ne See - le zu dir, o mein Gott; gro-ßer Kö -nig, Lob sei dir und Eh - re!

(Fine)

Verse Satz A
1. Herr, du kennst mei-nen Weg, und du eb-nest die Bahn, und du führst mich den Weg durch die Wü - ste.

folgt Refrain

Verse Satz B (Melodie im Tenor)

folgt Refrain

Die Sätze A und B können wechselweise zu den Versen gespielt werden, aber immer dazwischen und danach Refrain.

2. Und du reichst mir das Brot,
   und du reichst mir den Wein
   und bleibst selbst, Herr,
   mein Begleiter.

3. Und du sendest den Geist,
   und du machst mich ganz neu
   und erfüllst mich mit
   deinem Frieden.

4. Und nun zeig mir den Weg,
   und nun führ mich die Bahn,
   deine Liebe
   zu verkünden!

5. Gib mir selber das Wort,
   öffne du mir das Herz,
   deine Liebe, Herr,
   zu schenken!

6. Und ich dank' dir, mein Gott,
   und ich preise dich, Herr,
   und ich schenke dir
   mein Leben!

Aus: „Mosaik-Sammelband", Jesus-Bruderschaft
Rechte: Präsenz-Verlag der Jesus-Bruderschaft, Gnadenthal

Ehre sei Gott 713

Kanon für 4 Stimmen

Gloria, gloria, in excelsis Deo.
Ehre sei Gott, Ehre sei Gott, Ehr' sei Gott in der Höhe.

Gloria, gloria, alleluja, alleluja.
Ehre sei Gott, Ehre sei Gott, Halleluja, Halleluja.

Kanon: J. Berthier

Aus: „Gesang aus Taizé"
© Les Presses de Taizé
Deutsche Rechte: Christophorus-Verlag, Freiburg i. Br.

714 Der Gottesdienst soll fröhlich sein

Text, Weise und Satz: Martin Gotthard Schneider

2. Wir hören jetzt auf Gottes Wort,
   und davon leben wir.
   Das wirkt im Alltag fort und fort,
   begleitet uns an jedem Ort.
   Und davon leben wir.

3. Wir sagen Gott, was uns bedrückt.
   Er hört uns ganz gewiß.
   Wenn er uns einen Kummer schickt,
   wenn uns mal nichts gelingt und glückt.
   Er hört uns ganz gewiß.

4. Wir singen Gott ein schönes Lied.
   Vergeßt nur nicht den Dank.
   Er, der uns täglich Gutes gibt,
   zeigt uns damit, daß er uns liebt.
   Vergeßt nur nicht den Dank.

5. Der Gottesdienst soll fröhlich sein.
   So fangen wir nun an.
   Gott lädt uns alle zu sich ein,
   und keines ist dafür zu klein.
   So fangen wir nun an.

Aus: Martin Gotthard Schneider „Sieben Leben möcht ich haben"
Rechte: Christophorus-Verlag Freiburg und Verlag Ernst Kaufmann, Lahr

715 Der Himmel, der ist

Vor- oder Zwischenspiel
Weise und Sätze: Rolf Schweizer 1971/77

A 1. Der Himmel, der ist, ist nicht der Himmel, der kommt, wenn einst Himmel und Erde vergehen.

B 2. Der Himmel der kommt, das ist der kommende Herr, wenn die Herren der Erde gegangen.

Aus dem Bläserbegleitheft zum Anhang 77
Rechte: Hänssler-Verlag Neuhausen-Stuttgart

Text: Kurt Marti

Der Herr segne dich und behüte dich 716

Text und Weise: Ulrich Gohl 1970
Satz: Wilhelm Mergenthaler 1984

Rechte: Hänssler-Verlag, Neuhausen-Stuttgart

717 Die Nacht zu Bethlehem ist unser Tag

Text und Weise: Kurt Rommel
Sätze: Friedrich Maier 1984

A
1. Die Nacht zu Beth-le-hem ist un-ser Tag, denn da kam zu uns der Herr. Und wenn es Tag wird ü-ber-all, denkt dran, denkt dran, bei Nacht kam der Herr.

B (Melodie im Tenor)
2. Der Stall zu Beth-le-hem ist uns-re Welt, denn dort kam zu uns der Herr. Und wenn ihr kei-nen Aus-weg seht, denkt dran, denkt dran, ganz arm kam der Herr.

Aus: Gerd Watkinson „9 x 11 neue Kinderlieder zur Bibel"
Rechte: Christophorus-Verlag, Freiburg und Verlag Ernst Kaufmann, Lahr

Der Tag, mein Gott, ist nun vergangen 718

Weise: Clement Cotteril Scholefield 1874
Sätze: Hans-Jürgen Hufeisen

Aus: „SCHALOM-Ökumenisches Liederbuch"
Rechte: Burckhardthaus-Laetare Verlag GmbH, Gelnhausen
Rechte des Arrangements bei H.-J. Hufeisen

Text: John Ellerton
Deutsche Übertragung: Gerhard Valentin 1964

719 Die Kirche ist gegründet allein auf Jesus Christ

2. Aus allem Volk erkoren, ist eins sie nah und fern.
Durch eine Tauf geboren, dient sie dem einen Herrn.
Ein Heilswort ist ihr Segen, ein Gnadentisch sie speist,
ein Geist gibt ihren Wegen das Licht, das heimwärts weist.

Text: Theodor Werner 1952
Aus: „Laudamus", Gesangbuch des Lutherischen Weltbundes, Hannover 1952

Diesen Tag, Herr, leg ich zurück in deine Hände 720

Text und Weise: Martin Gotthard Schneider 1967
Satz: Andreas Lehmann

2. Ist mir heut gelungen, was ich mir erträumt?
   Und wer kann es zählen, was ich versäumt?
   Du nimmst die Schuld von mir.

3. Wieviel Worte blieben besser ungesagt?
   Wann hab ich gedankt und wie oft nur geklagt?
   Du weißt ja, wie ich bin.

4. Scheint mir auch das Leben oft ohne Sinn,
   frag ich mich auch manchmal: Wo führt es mich hin?
   Du kennst auch meinen Weg.

Aus: „Neue geistliche Lieder" BE 285
Rechte: Gustav Bosse Verlag, Regensburg

721 Die Welt lebt von Worten

Weise und Sätze: Heinrich Ehmann

2. Die Welt lebt von Taten, die Gott durch uns tut.
   Zu Tat und Gehorsam gib Glauben und Mut!
   Zu Tat und Gehorsam gib Glauben und Mut!

3. Die Welt lebt von Liebe, die Gott ihr erweist.
   Und wir sind die Boten. Gib, Herr, uns den Geist!
   Und wir sind die Boten. Gib, Herr, uns den Geist!

Aus dem Bläserbegleitheft zum Anhang 77
Rechte Text: Verlag Ernst Kaufmann, Lahr
Rechte für Melodie und Satz: Hänssler-Verlag, Neuhausen-Stuttgart

Text: Kurt Rommel

Kanon für 3 Stimmen

Der Herr ist mein Hirte 722

Der Herr ist mein Hir-te, mir wird nichts man geln, mir wird nichts man-geln.

Rechte: Verlag Merseburger, Kassel

Text: Psalm 23,1
Kanon: Hermann Stern

Du hast gesagt: „Ich bin der Weg" 723

Intonation

A 1. Du hast ge-sagt: „Ich bin der Weg", du hast ge-sagt: „Ich bin der Weg". Ich ver-trau-e dei-nem Wort, ich komm zu dir und will dir fol-gen. Du bist der rech-te Weg.

B

Die Begleitsätze können auch in umgekehrter Folge gespielt werden: Satz B – Satz A. Die Intonation ist auch als Zwischenspiel verwendbar.

Rechte: Christlicher Liederverlag Giseala Hoppe, Emden

Text und Weise: Bodo Hoppe
Sätze: Friedrich Maier 1984

724 Du hast uns, Herr, gerufen

Text und Weise: Kurt Rommel
Satz: Werner Göttle

2. Du legst uns deine Worte und deine Taten vor,
du legst uns deine Worte und deine Taten vor.
Herr, öffne unsre Herzen und unser Ohr,
Herr, öffne unsre Herzen und unser Ohr.

3. Herr, sammle die Gedanken und schick uns deinen Geist,
Herr, sammle die Gedanken und schick uns deinen Geist,
der uns das Hören lehrt und gehorchen heißt,
der uns das Hören lehrt und gehorchen heißt.

Aus: Gerd Watkinson „111 Kinderlieder zur Bibel"
Rechte: Christophorus-Verlag, Freiburg und Verlag Ernst Kaufmann

Du läßt die liebe Sonne scheinen 725

Weise und Satz: Rolf Schweizer

2. Du führst den Sommer und den Winter,
den Frühling und den Herbst herauf,
du zeigst den Wolken und den Winden,
dem Mond, den Sternen ihren Lauf.

3. Du zwingst das Meer in seine Grenze,
bewahrst vor ihm das gute Land
und hältst die ganze runde Erde
in deiner festen, starken Hand.

4. Lehr deine Güte uns begreifen,
führ gnädig uns durch alle Zeit.
Laß wachsen uns und laß uns reifen
für deine große Ewigkeit.

Aus: „Seht das große Sonnenlicht", BA 4993
Rechte: Bärenreiter-Verlag, Kassel und Basel

Text: Strophen 1 und 4 überliefert
Strophen 2 und 3: Jörg Erb

726 Du schöner Lebensbaum des Paradieses

Weise: Ungarn 1744
Satz: Erhard Frieß 1984

Aus: „Cantate Domino III"
Rechte: Bärenreiter-Verlag, Kassel und Basel

Textübertragung: Dieter Trautwein

727 Einander aufzunehmen, wie du es hast getan

Weise: Doreen Potter 1974
Sätze: Hans-Jürgen Hufeisen

Rechte für Melodie und Satz:
© Copyright 1975 by Agape, Carol Stream IL.60188
Rechte für Deutschland, Österreich und Schweiz:
Hänssler-Verlag, Neuhausen-Stuttgart

Text: C. Michael de Vries 1974

728 Einer, der sein Kleid abgibt

Weise: Peter Janssens
Satz: Hans-Jürgen Hufeisen

Rechte: Peter Janssens Musik Verlag, Telgte
Rechte des Arrangements bei H.-J. Hufeisen
Text: Hans-Jürgen Netz
Aus: „Ehre sei Gott auf der Erde", 1974

729 Einer hat uns angesteckt

Weise und Harmonie-Schema: Oskar Gottlieb Blarr
Sätze: Hans-Jürgen Hufeisen

Aus: „Lateinamerikanische Beatmesse", 1977
Rechte: tvd-Verlag, Düsseldorf

Text: Eckart Bücken

730 Ein jeder soll im Frieden sein

Weise: Aus dem Amerikanischen
Sätze: Hans-Jürgen Hufeisen

Da das Lied mit einem Vers ständig wiederholt wird, sollte man ohne Unterbrechung sofort von vorne beginnen.
Rechte des Arrangements bei H.-J. Hufeisen
Textrechte: Burckhardthaus-Laetare-Verlag GmbH, Gelnhausen
Text (nach Micha 4, 3.4): Matthias Hermann

Ein Schiff, das sich Gemeinde nennt 731

Als Intonation die letzten 8 Takte voraus
Text, Weise und Satz: Martin G. Schneider 1963

1. Ein Schiff, das sich Gemeinde nennt, fährt durch das Meer der Zeit. Das Ziel, das ihm die Richtung weist, heißt Gottes Ewigkeit. Das Schiff, es fährt vom Sturm bedroht durch Angst, Not und Gefahr, Verzweiflung, Hoffnung, Kampf und Sieg, so fährt es Jahr um Jahr. Und immer wieder fragt man sich: Wird denn das Schiff bestehn? Erreicht es wohl das große Ziel? Wird es nicht untergehn? Bleibe bei uns, Herr! Bleibe bei uns, Herr, denn sonst sind wir allein auf der Fahrt durch das Meer. O bleibe bei uns, Herr!

Aus: „Neue geistliche Lieder", BE 285
Rechte: Gustav Bosse Verlag, Regensburg

732 Erd und Himmel sollen singen

Satz A: Andreas Lehmann
Satz B: Erhard Frieß

3. Darum kannst du auch nicht schweigen
vor dem Herrn der Herrlichkeit,
deinen Dank ihm zu erzeigen,
lobe Gott zu aller Zeit.
Halleluja!
Diene ihm in Ewigkeit.

Rechte: Verlag Singende Gemeinde, Wuppertal

Text (Strophen 1 und 2) und Liedfassung: Paul Ernst Ruppel, 1956
Strophe 3: Paulus Stein, 1961
Weise: Nach dem Negro-Spiritual:
„Singin' wid a sword in ma' han', Lord!"

Er ist das Brot, er ist der Wein 733

Weise und Satz: Joachim Schwarz

2. Er ist das Brot, er ist der Wein,
kommt schmeckt und seht, die Not ist groß.
Es stärke euch der Herr,
er wird euch Schuld verzeihn,
es stärke euch der Herr,
er wird euch Schuld verzeihn.

3. Er ist das Brot, er ist der Wein,
steht auf und geht, die Hoffnung wächst.
Es segne euch der Herr,
er läßt euch nicht allein,
es segne euch der Herr,
er läßt euch nicht allein.

Textrechte: beim Urheber
Rechte für Melodie und Satz: Hänssler-Verlag, Neuhausen-Stuttgart

Text: Eckart Bücken

734 Er weckt mich alle Morgen

Weise: Rudolf Zöbeley
Satz A: Johannes Petzold
Satz B: Rudolf Zöbeley

Anmerkung: Das Liedheft bringt dieses Lied in A-Dur.

Textrechte: Verlag Merseburger, Kassel
Melodierechte: mundorgel verlag gmbh, Köln/Waldbröl (Aus: „Er weckt mich alle Morgen neu")
Text: Jochen Klepper

Feuer, Feuer das erhellt 735

Weise: Fritz Baltruweit
Sätze: Hans-Jürgen Hufeisen

(Satz B nächste Seite)

2. 𝄆 Liebe, Liebe, die entflammt,
Friede, Friede jedem Land.
Friede, Friede, der entflammt,
Liebe, Liebe jedem Land. 𝄇

3. 𝄆 Friede, Friede, der befreit,
Hoffnung, Hoffnung allezeit.
Hoffnung, Hoffnung, die befreit,
Friede, Friede allezeit. 𝄇

4. 𝄆 Hoffnung, Hoffnung, die entfacht,
Feuer, Feuer, Tag und Nacht.
Feuer, Feuer, das entfacht,
Hoffnung, Hoffnung Tag und Nacht. 𝄇

+8 *Baßsolo*

Dieser Satz kann auch ohne Baßsolo gespielt werden.* (Nur Takt 1 - 5 + 10 - 13).

* es empfiehlt sich, den Baß erst zu spielen, wenn er 'sehr gut' geübt ist.

Rechte bei den Urhebern
Rechte des Arrangements bei H.-J. Hufeisen

Text: Eckart Bücken

Freue dich und glaube fest 736

Anmerkung: Das Liedheft bringt dieses Lied in A-Dur
Weise und Satz: Herbert Beuerle 1957/75

Freu-e dich und glau-be fest, daß der Herr dich nie ver-läßt, wenn du ganz sein ei-gen. Laß die Sor-gen, laß die Not! Al-les sieht vor dir schon Gott: Er wird Hil-fe zei-gen.

Aus: Herbert Beuerle „Schöne Musika"
Rechte: Burckhardthaus-Laetare Verlag GmbH, Gelnhausen

Text: Aus einem baptistischen Jugendkreis

Gottes Stimme laßt uns sein 737

Kanon für 4 Stimmen

Got-tes Stim-me laßt uns sein, ru-fen in die Welt hin-ein:
Je-sus lebt und Je-sus siegt, al-les ihm zu Fü-ßen liegt!

Rechte: Verlag Merseburger, Kassel

Text: Ursula Schlenker
Kanon: Alfred Stier

738 Freunde, daß der Mandelzweig

Weise: Fritz Baltruweit
Satz A: Manfred Schlenker

von vorne ohne Wiederholung bis Fine

2. Daß das Leben nicht verging, soviel Blut auch schreit,
achtet dieses nicht gering in der trübsten Zeit.

4. Freunde, daß der Mandelzweig sich in Blüten wiegt,
bleibe uns ein Fingerzeig, wie das Leben siegt.

B (738)

Vers 1-2-4

Satz B: Hans-Jürgen Hufeisen

Vers 3

als Vor- und Zwischenspiel möglich Takt 1 - 8, mit Oberstimme, aber ohne Melodie

da capo al fine

Aus: „Fürchte dich nicht" (Lutherisches Verlagshaus Hannover)
Rechte Melodie und Satz: bei den Autoren
Rechte Text: Hänssler-Verlag, Neuhausen-Stuttgart

Text: (nach Jeremia 1, 11): Schalom Ben-Chorin

739 Friede sei mit dir

Text und Weise: Manfred Siebald
Satz: Hans-Jürgen Hufeisen

Vor- und Zwischenspiel (nach Belieben)

Refrain (Melodie mit hohen oder tiefen Stimmen oder gemischt)

Frie - de, Frie - de, Frie - de sei mit dir.

Melodie

Frie - de, Frie - de, Frie - de sei mit dir. (Fine)

* diese Stimme kann auch nur von Tenören eine Oktave tiefer gespielt werden – in dem Fall wird die Melodie nur von Trompeten gespielt.

folgt Refrain

2. Nicht jene Stille, die den Tod verkündet,
   da, wo es früher einmal Leben gab,
   wo man kein Wort und keine Tat mehr findet:
   nicht die Stille überm Grab.

3. Der tiefe Friede, den wir nicht verstehen,
   der wie ein Strom in unser Leben fließt,
   der Wunden heilen kann, die wir nicht sehen,
   weil es Gottes Friede ist.

4. Der Friede Gottes will in dir beginnen.
   Du brauchst nicht lange, bis du es entdeckst:
   was Gott in dich hineinlegt, bleibt nicht innen —
   Friede, der nach außen wächst.

Dieser Bläsersatz kann gleichzeitig zum Chorarrangement aus „Sag es weiter" Hänssler-Verlag Bestell-Nr.: 88374 gespielt werden. (in dem Fall muß der Chorsatz um einen Halb-Ton tiefer gesungen werden.)

Aus: „Songs junger Christen", Bd. 2
Rechte: Hänssler-Verlag, Neuhausen-Stuttgart

740 Fürchte dich nicht, gefangen in deiner Angst

Text und Weise: Fritz Baltruweit
Satz: Volker Gwinner

Rechte: bei den Urhebern

741 Der Himmel geht über allen auf

Aus: „Ave Eva", 1974
Rechte: Peter Janssens Musik Verlag, Telgte

Kanon: Peter Janssens
Text: W. Willms

Lied 742 folgt nächste Seite

Gelobt sei deine Treu 743

Weise und Satz: Johannes Petzold

1. Gelobt sei deine Treu, die jeden Morgen neu uns in den Mantel deiner Liebe hüllt, die jeden Abend wieder, wenn schwer die Augenlider, das schwache Herz mit Frieden füllt.

2. Wir wolln dem Namen dein
   im Herzen still und fein
   lobsingen und auch laut vor aller Welt.
   Nie hast du uns vergessen,
   schenkst Gaben unermessen,
   tagtäglich deine Hand uns hält.

3. Kleidung und Brot gibst du,
   der Nächte Ruh dazu,
   und stellst am Morgen über jedes Dach
   das Taggestirn, das helle;
   und mit der güldnen Welle
   des Lichts nimmst du das Ungemach.

Rechte, Melodie und Satz: Verlag Merseburger, Kassel
Rechte Text: Samuel Rothenberg

Text: Gerhard Fritzsche

742 Gehe ein in deinen Frieden

2. Ihn, um den die Sterne kreisen,
ihn, der alle Himmel kennt,
preist ihn, der in unsern Nächten
heller als die Sonne brennt.
Der das Grauen, der den Tod bezwang,
beugt sich über unseren Schlaf.
Preist den Tag und die Nacht!
Preist die Nacht und den Tag! . . . . .

Rechte: Voggenreiter Verlag, Bonn 2

Text: Strophe 1 (freie Übertragung): Helmut König
Strophe 2: Christine Heuser 1966

744 Gleichwie mich mein Vater gesandt hat

Weise und Satz: Paul Ernst Ruppel 1964

2. Er hat mich gesandt, zu predigen
den Zerschlagenen,
daß sie frei sein sollen.
Und ich sende euch zu predigen
den Zerschlagenen,
daß sie frei sein sollen.

Rechte: Hänssler-Verlag, Neuhausen-Stuttgart Text: Joh. 20, 21; Luk. 4, 18

Gib uns Frieden jeden Tag 745

Weise: Rüdger Lüders 1963
Satz: Rolf Schweizer 1977

Solo-Trompete (ad libitum)

1. Gib uns Frieden jeden Tag! Laß uns nicht allein! Du hast es uns fest versprochen, stets bei uns zu sein. Denn nur du, unser Gott, denn nur du, unser Gott, hast die Menschen in der Hand, laß uns nicht allein.

Aus: „Neue Kinderlieder", BE 807
Rechte: Gustav Bosse Verlag, Regensburg

Text: Rüdeger Lüders/Kurt Rommel

746 Gott füllt den Himmel und das Meer

Weise und Satz: Rolf Schweizer

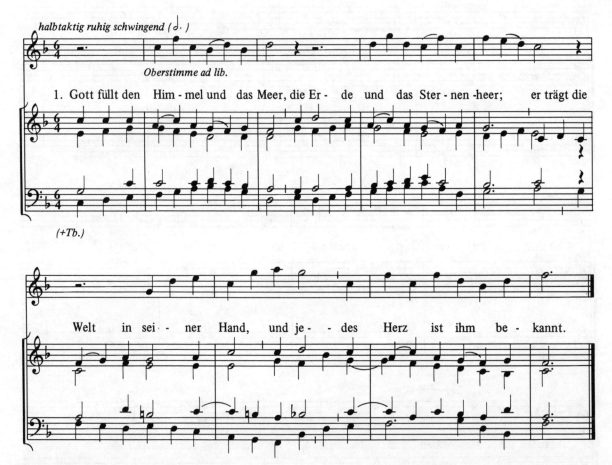

2. Und alles geht nach sein'm Gebot,
   er wirkt im Leben und im Tod,
   und was geschieht, dient seinem Plan,
   dem Gut und Bös sind untertan.

3. Und alles lobt und preist den Herrn,
   die Sonn, die Erd, der fernste Stern,
   die Engel und die Menschenkind,
   die sein Geschöpf und Diener sind.

Textrechte: Verlag Junge Gemeinde, Stuttgart
Aus: „Seht das große Sonnenlicht", BA 4993
Rechte Melodie und Satz: Bärenreiter-Verlag, Kassel und Basel

Text: Arno Pötsch

Gott gibt ein Fest 747

Weise: Manfred Schlenker
Satz: Dietrich Wimmer 1984

Rechte: Hänssler-Verlag, Neuhausen Stuttgart   Text: Lothar Petzold

748 Gott hat das erste Wort

Weise: Gerard Kremer
Satz A: Robert Tobler
Satz B: Rolf Schweizer

A

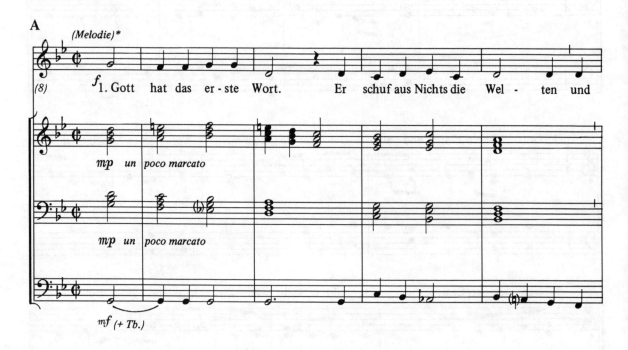

* Melodiestimme in Oktaven mit Trp. + Pos., Begleitstimmen weich nehmen.

B

3. Gott hat das letzte Wort,
   das Wort in dem Gerichte
   am Ziel der Weltgeschichte
   dann an der Zeiten Bord.

4. Gott hat das letzte Wort.
   Er wird es neu uns sagen
   dereinst nach diesen Tagen
   im ewgen Lichte dort.

5. Gott steht am Anbeginn,
   und er wird alles enden.
   In seinen starken Händen
   liegt Ursprung, Ziel und Sinn.

Aus: „Liedboek voor de Kerken"
Text: Freie Übertragung des niederländischen „God heeft het eerste woord" (Jan Wit) von Markus Jenny 1970
Rechte Text, Weise und Satz A: Interkerkelijke Stichting voor het Kerklied, Pijnacker/Holland
Rechte Intonation und Satz B: Hänssler-Verlag, Neuhausen-Stuttgart (aus dem Bläserbegleitheft zum Anhang 77)

749 Gott liebt diese Welt

Text und Weise: Walter Schulz 1962
Satz A: Paul Ernst Ruppel 1967
Satz B: Hermann Stern 1970

1. Gott liebt diese Welt, und wir sind sein Eigen. Wohin er uns stellt, sollen wir es zeigen! Gott liebt diese Welt.

Rechte: Burckhardthaus-Laetare Verlag GmbH, Gelnhausen

Lied 750 folgt nächste Seite **Herr, dieses Kind, dir dargebracht** 751

Weise: Robert Tobler 1980
Satz: Erhard Frieß 1984

1. Herr, dieses Kind, dir dargebracht, du hast es uns gegeben nicht als Besitz, nur als ein Pfand. Wir legen es in deine Hand und bitten um den Segen.

2. Wir kennen seine Zukunft nicht,
sein Hoffen, sein Verlangen.
Schenk du ihm die Geborgenheit,
die Liebe, die dem Haß verzeiht.
Nimm du sein Herz gefangen.

3. Gib, daß sein Leben glücklich sei.
Laß es dein Wirken sehen
trotz allem Elend, Tod und Krieg.
Mach, daß es spürt: Dank seinem Sieg
wird alles neu erstehen.

Rechte: Theologischer Verlag, Zürich

Text: Eva-Maria Tobler-Zeltner 1980

750 Herr, deine Liebe ist wie Gras und Ufer

Weise: Lars Åke Lundberg 1968
Sätze: Hans-Jürgen Hufeisen 1980

* anschließend (nach D. C. A. F.) muß noch einmal von vorne begonnen werden, weil der Refrain gleichzeitig auch Vers 2 etc. ist.

Aus: „SCHALOM-Ökumenisches Liederbuch"
Rechte: Burckhardthaus-Laetare-Verlag GmbH, Gelnhausen
Rechte des Arrangement bei Hans-Jürgen Hufeisen

D. C. A. F.

Text: Frostensson/Hansen

752 Herr, du hast darum gebetet, daß wir alle eines sei'n

Text und Weise: Otmar Schulz
Satz: Erhard Frieß 1984

2. Laß den Brüdern uns begegnen,
die in andern Kirchen stehn
und sich dort – wie wir es hier tun –
mühen, deinen Weg zu gehn,

3. die mit andern Stimmen loben
deinen großen Namen, Christ,
der für sie – wie auch für uns, Herr, –
Name ohnegleichen ist.

Aus: „SCHALOM-Ökomenisches Liederbuch"
Rechte: Burckhardthaus-Laetare Verlag GmbH, Gelnhausen

753 Herr, gib mir Mut zum Brückenbauen

Weise, Intonation I und A: Paul Bischoff
Intonation II und B: Josef Michel

Aus: „Herr wir bitten", BE 222
Rechte: Gustav Bosse Verlag KG, Regensburg

Text: Kurt Rommel

754 Herr, gib uns Mut zum Hören

Weise: Kurt Rommel
Satz A: Werner Göttle
Satz B: Hermann Stern

1. Herr, gib uns Mut zum Hören, auf das, was du uns sagst. Wir danken dir, daß du es mit uns wagst.
2. Herr, gib uns Mut zum Leben, auch wenn es sinnlos scheint. Wir danken dir, denn du bist uns nicht feind.

Melodie im Tenor

6. Herr, gib uns Mut zum Glauben an dich, den einen Herrn. Wir danken dir, denn du bist uns nicht fern.

Aus: „SCHALOM-Ökumenisches Liederbuch"
Rechte: Burckhardthaus-Laetare Verlag GmbH, Gelnhausen

Text: Kurt Rommel

Herr, segne uns, laß uns dir dankbar sein 755

Weise: Matthias Hermann
Satz: Hans-Jürgen Hufeisen

Takt 1 – 8 ohne Melodie als Vorspiel zu gebrauchen!

Textrechte: J. Pfeiffer Verlag, München
Rechte für Melodie und Satz: Hänssler-Verlag, Neuhausen-Stuttgart

Text: Lothar Zenetti
Aus: „Texte der Zuversicht"

756 Das ist unser täglich' Brot

Aus: „Liederheft für den Kirchentag", BE 873
Rechte: Gustav Bosse Verlag, Regensburg

Text: Eckart Bücken 1973

757 Herr, unser Herrscher, wie herrlich bist du

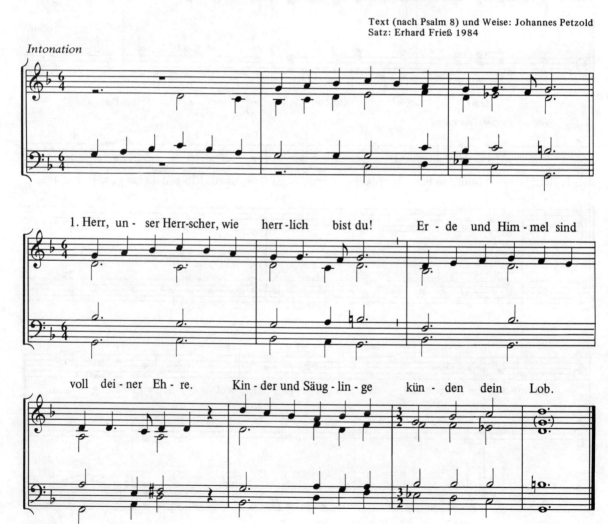

Rechte: Hänssler-Verlag, Neuhausen-Stuttgart

Lied 758 folgt nächste Seite

Hilf, Herr meines Lebens 759

Weise: Hans Puls 1962
Satz A: Paul Ernst Ruppel
Satz B: Werner Göttle

Aus: „Neue Kinderlieder", BE 807
Rechte: Gustav Bosse Verlag, Regensburg

Text: Gustav Lohmann 1962

758 Himmel, Erde, Luft und Meer,

Weise: Überlieferung
Sätze: Hans-Jürgen Hufeisen

Refrain **A**

2. Unbegrenzt ist seine Macht,
   er ist Herr der Welt. Ich bin ...

3. Seine Kraft ist wirklich da,
   immer wieder neu. Ich bin ...

4. Nicht durch Zufall steh ich da,
   er hat mich gemacht. Ich bin ...

5. Viele Brüder finde ich,
   bin nicht mehr allein. Ich bin ...

6. Klare Führung gibt er mir,
   auch wenn ich nichts seh. Ich bin ...

7. Aller bösen Macht zum Trotz
   führt er mich ans Ziel. Ich bin ...

Refrain **B**

Rechte: Hänssler-Verlag, Neuhausen-Stuttgart

Refrain (Text und Melodie): Hans-Peter Schlatter
Strophe 4: Nach Hans-Peter Schlatter
Strophen 1 bis 3, 5 bis 7 und Weise: Mündlich überliefert

760 Ich rede, wenn ich schweigen sollte

Weise: Paul Bischoff 1965
Satz: Rolf Hempel 1971

Aus: „Herr wir bitten", BE 222
Rechte: Gustav Bosse Verlag, Regensburg

Text: Kurt Rommel 1965

Ich sage „Ja" zu dir 761

Text und Weise: Gerhard Schnitter
Satz: Hans-Jürgen Hufeisen

Rechte: Hänssler-Verlag, Neuhausen-Stuttgart

762 Ich singe dein Lob in den Tag hinein

Weise: Jesus-Bruderschaft
Sätze: Wilhelm Mergenthaler 1984

3. Dich will ich rühmen in dunklen Zeiten
und froh zu dir die Hände ausbreiten.

4. Will mit dir tuen die kleinen Dinge,
daß daraus stündlich dein Name klinge!

Satzfolge: Intonation – Refrain – A – Refrain – B – Refrain – A – Refrain – B – Refrain

Aus: „Mosaik-Sammelband", Jesus-Bruderschaft
Rechte: Präsenz-Verlag der Jesus-Bruderschaft, Gnadenthal

Ich werfe meine Fragen hinüber 763

Weise: Gerhard Kloft 1976
Sätze: Hans-Jürgen Hufeisen 1981

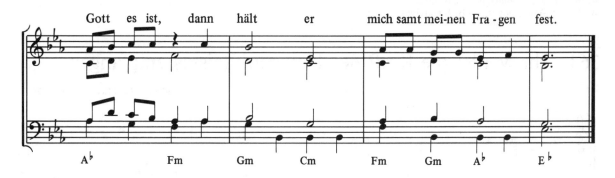

(763)

Rechte: Ton- und Bildstelle, Frankfurt/M.
Rechte des Arrangements bei H.-J. Hufeisen

Text: Ulrich G. Fick 1976

764 Ihr werdet die Kraft des Heiligen Geistes empfangen

Weise und Satz: Paul Ernst Ruppel 1964

Aus: „Bundesgaben für gemischten Chor", CS 10 940
Rechte: Verlag Singende Gemeinde, Wuppertal

Text: Apostelgeschichte 1, 8

765 Ich sitze oder stehe, ich liege oder gehe

Text und Weise: Aus der DDR
Sätze: Hans-Jürgen Hufeisen

Als Vor- oder Zwischenspiel kann Satz B mit Oberstimme, aber ohne Melodie gespielt werden.
Rechte: Gemeindejugendwerk des Bundes Evang.-Freikirchl. Gemeinden in Deutschland, Hamburg
Rechte des Arrangements bei H.-J. Hufeisen

766 Ins Wasser fällt ein Stein

Weise: Kurt Kaiser
Satz: Werner Göttle

(Schlußton im Original länger)

2. Ein Funke, kaum zu sehn,
   entfacht doch helle Flammen,
   und die im Dunkeln stehn,
   die ruft der Schein zusammen.
   Wo Gottes große Liebe
   in einem Menschen brennt,
   da wird die Welt vom Licht erhellt;
   da bleibt nichts, was uns trennt.

3. Nimm Gottes Liebe an.
   Du brauchst dich nicht allein zu mühn,
   denn seine Liebe kann
   in deinem Leben Kreise ziehn.
   Und füllt sie erst dein Leben,
   und setzt sie dich in Brand,
   gehst du hinaus, teilst Liebe aus,
   denn Gott füllt dir die Hand.

Originaltitel: Pas It On
Rechte: Word UK Ltd., Berkhamsted/England

Text: Manfred Siebald

767 Jeder knüpft am eignen Netz

Weise: Peter Janssens
Sätze: Hans-Jürgen Hufeisen

Aus: „Ich suche einen Sinn heraus", 1975
Rechte: Peter Janssens Musik Verlag, Telgte
Rechte des Arrangements bei J.-J. Hufeisen

Vorspiel: Takt 1 bis 8 ohne Melodie! (auch als Zwischenspiel möglich)

Text: Hans-Jürgen Netz

768 Im Dunkel des Tages

2. Im Dunkel des Tages erbitten wir,
was uns täglich fehlt hie und da.

3. Im Dunkel des Tages erhoffen wir,
daß ein Traum wahr wird hie und da.

4. Im Dunkel des Tages ersehnen wir,
was den Frieden bringt hie und da.

5. Im Dunkel des Tages erwartet uns Gott.
Sein Reich beginnt überall.

Rechte bei den Urhebern

Text: Dieter Trautwein 1971

Jesu Friede sei mit allen 769

Weise: Jesus-Bruderschaft
Satz: Erhard Frieß 1984

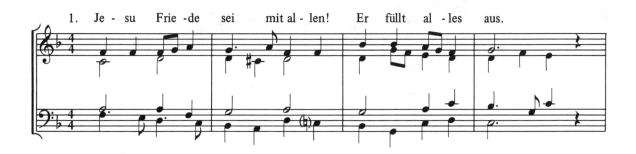

1. Je - su Frie - de sei mit al - len! Er füllt al - les aus.

Frie - de und sein Wohl - ge - fal - len sei in die - sem Haus.

2. Jesu Friede uns vereine
   in der Lieb' zu Gott!
   Jesu Friede schenkt den Brüdern
   Sieg trotz Hohn und Spott.

3. Jesu Friede die Gemeinde
   tröstet in der Not.
   Jesu Friede bringt den Jüngern
   Kraft durch Wein und Brot.

4. Jesu Friede bringt die Freude
   mir als Gottesgab'.
   Jesu Friede ist im Leide
   all mein Gut und Hab.

Aus: „Mosaik-Sammelband" „Jesus-Bruderschaft
Rechte: Präsenz-Verlag der Jesus-Bruderschaft, Gnadenthal

770 Kreuz, auf das ich schaue

Weise und Satz: Lothar Graap 1982

2. Kreuz, zu dem ich fliehe aus der Dunkelheit;
statt der Angst und Mühe ist nun Hoffnungszeit.

3. Kreuz, von dem ich gehe in den neuen Tag,
bleib in meiner Nähe, daß ich nicht verzag.

Textrechte beim Urheber
Rechte Melodie und Satz: Hänssler-Verlag, Neuhausen-Stuttgart

Text: Eckart Bücken 1982

771 Komm, Herr, segne uns

A

Text und Weise: Dieter Trautwein 1978
Satz A: Matthias Hermann 1984
Sätze B und C: Hans-Jürgen Hufeisen 1984

2. Keiner kann allein Segen sich bewahren.
   Weil du reichlich gibst, müssen wir nicht sparen.
   Segen kann gedeihn, wo wir alles teilen,
   schlimmen Schaden heilen, lieben und verzeihn.

3. Frieden gabst du schon, Frieden muß noch werden,
   wie du ihn versprichst uns zum Wohl auf Erden.
   Hilf, daß wir ihn tun, wo wir ihn erspähen –
   die mit Tränen säen, werden in ihm ruhn.

4. Komm, Herr, segne uns, daß wir uns nicht trennen,
   sondern überall uns zu dir bekennen.
   Nie sind wir allein, stets sind wir die Deinen.
   Lachen oder Weinen wird gesegnet sein.

(771) Sätze: Hans-Jürgen Hufeisen

Rechte: Burckhardthaus-Laetare Verlag GmbH, Gelnhausen
Rechte des Arrangements (Sätze B und C) bei H.-J. Hufeisen

Komm in unsre stolze Welt 772

Weise: Ulrich Gohl
Satz: Dietrich Wimmer 1984

1. Komm in uns-re stol-ze Welt, Herr, mit dei-ner Lie-be Wer-ben.
   Ü-ber-win-de Macht und Geld, laß die Völ-ker nicht ver-der-ben.

Wen-de Haß und Fein-des-sinn auf den Weg zum Frie-den hin.

1.-5. Ky-ri-e e-lei-son! Herr, er-bar-me dich!

2. Komm in unser reiches Land,
   Herr, in deiner Armut Blöße,
   daß von Geiz und Unverstand
   willig unser Herz sich löse.
   Schaff aus unsrem Überfluß
   Rettung dem, der hungern muß.
   Kyrie eleison! Herr, erbarme dich!

3. Komm in unsre laute Stadt,
   Herr, mit deines Schweigens Mitte,
   daß, wer keinen Mut mehr hat,
   sich von dir die Kraft erbitte
   für den Weg durch Lärm und Streit
   hin zu deiner Ewigkeit.
   Kyrie eleison! Herr, erbarme dich!

Aus: „Gottes Volk geht nicht allein" (Erstfassung)
Textrechte: Friedrich Wittig Verlag, Hamburg
Rechte für Melodie und Satz: Hänssler-Verlag, Neuhausen-Stuttgart

Text: Hans Graf von Lehndorff

773 Korn, das in die Erde in den Tod versinkt

Weise: Französisches Volkslied
Satz: Erhard Frieß 1984

2. Über Gottes Liebe brach die Welt den Stab,
wälzte ihren Felsen vor der Liebe Grab.
Jesus ist tot. Wie sollte er noch fliehn?
Liebe wächst wie Weizen, und ihr Halm ist grün.

3. Im Gestein verloren Gottes Samenkorn,
unser Herz gefangen in Gestrüpp und Dorn –
hin ging die Nacht; der dritte Tag erschien:
Liebe wächst wie Weizen, und ihr Halm ist grün.

Textübertragung (nach einem englischen Lied von J. M. C. Crum): Jürgen Henkys
Textrechte: Beim Autor

Liebe ist nicht nur ein Wort 774

Weise: Gerd Geerken
Sätze: Hans-Jürgen Hufeisen

2. Freiheit ist nicht nur ein Wort,
   Freiheit, das sind Worte und Taten.
   Als Zeichen der Freiheit ist Jesus gestorben,
   als Zeichen der Freiheit für diese Welt.

3. Hoffnung ist nicht nur ein Wort,
   Hoffnung, das sind Worte und Taten.
   Als Zeichen der Hoffnung ist Jesus lebendig,
   als Zeichen der Hoffnung für diese Welt.

Aus: „Neue geistliche Lieder III", BE 809
Rechte: Gustav Bosse Verlag, Regensburg
Rechte des Arrangements bei H.-J. Hufeisen

Text: Eckart Bücken

775 Laß uns in deinem Namen, Herr

Weise und Text: Kurt Rommel 1964
Satz: Hermann Stern 1971

2. Laß uns in deinem Namen, Herr,
   die nötigen Schritte tun.
   Gib uns den Mut, voll Liebe, Herr,
   heute die Wahrheit zu leben.

3. Laß uns in deinem Namen, Herr,
   die nötigen Schritte tun.
   Gib uns den Mut, voll Hoffnung, Herr,
   heute von vorn zu beginnen.

4. Laß uns in deinem Namen, Herr,
   die nötigen Schritte tun.
   Gib uns den Mut, voll Glauben, Herr,
   mit dir zu Menschen zu werden.

Melodie und Text aus „Gott schenkt Freiheit"
Rechte: Burckhardthaus-Laetare Verlag GmbH, Gelnhausen und Berlin

Lobet den Herrn, unter uns erblüht ein Stern 776

Weise: Sara Levy-Tanai
Satz: Dietrich Wimmer 1984

Intonation

1. Lo-bet den Herrn, lo-bet den Herrn, un-ter uns er-blüht sein Stern.

Er will uns zu Hil-fe kom-men, und er ist uns
er kommt nicht nur zu den From-men, er ist für uns 1.täglich nah. 2. al-le da.

2. Lobet den Herrn, lobet den Herrn,
er ist nicht mehr hoch und fern.
Er hat allen Glanz verlassen,
der ihn von den Menschen trennt;
er geht jetzt durch unsre Straßen,
wartet, daß man ihn erkennt.

3. Lobet den Herrn, lobet den Herrn,
er hat seine Menschen gern.
Hast du ihn noch nicht getroffen?
Wird dir nicht sein Wort gesagt?
Halte deine Türe offen,
denn er hat nach dir gefragt.

Copyright by Sara Levy-Tanai
Used by permission of ACUM Ltd. (CISAC) Tel Aviv, Israel
Textrechte: Burckhardthaus-Laetare Verlag GmbH, Gelnhausen

Text: Gerhard Valentin

777 Nie mehr wirst Du von uns weichen

Text und Weise: Jesus-Bruderschaft
Satz: Dietrich Wimmer 1984

1. Nie mehr wirst du von uns weichen, Herr, unser Leben.
Du bist Liebe ohnegleichen, Herr, unser Gott.
Du bist der Anfang, das Ziel und das Ende,
du bist der dreimal einige Gott.

2. Ja, deine Schönheit strahlt auf die Erde,
   füllt Menschenherzen mit deinem Schein.
   Dein Sieg bewirkt, daß Friede nun werde;
   du lebst in uns, und wir sind ganz dein.

3. Wir sind berufen, als deine Kinder
   Liebe zu tragen, wohin wir gehn,
   Schmerzen zu heilen, die Not zu lindern
   und dich in jedem Menschen zu sehn.

Aus: „Mosaik-Sammelband", Jesus-Bruderschaft
Rechte: Präsenz-Verlag der Jesus-Bruderschaft, Gnadenthal

Nun gehören unsre Herzen 778

Weise: Richard Lörcher 1949
Satz: Paul Ernst Ruppel 1950

1. Nun gehören unsre Herzen ganz dem Mann von Golgatha,
der in bittern Todesschmerzen das Geheimnis Gottes sah:
das Geheimnis des Gerichtes über aller Menschen Schuld,
das Geheimnis neuen Lichtes aus des Vaters ew'ger Huld.

2. Nun in heilgem Stilleschweigen stehen wir auf Golgatha.
Tief und tiefer wir uns neigen vor dem Wunder, das geschah,
als der Freie ward zum Knechte und der Größte ganz gering,
als für Sünder der Gerechte in des Todes Rachen ging.

3. Doch ob tausend Todesnächte liegen über Golgatha,
ob der Hölle Lügenmächte triumphieren fern und nah,
dennoch dringt als Überwinder Christus durch des Sterbens Tor;
und, die sonst des Todes Kinder, führt zum Leben er empor.

4. Schweigen müssen nun die Feinde vor dem Sieg von Golgatha.
Die begnadigte Gemeinde sagt zu Christi Wegen: Ja!
Ja, wir danken deinen Schmerzen, ja wir preisen deine Treu;
ja, wir dienen dir von Herzen; ja, du machst einst alles neu.

Textrechte: mundorger verlag gmbh, Köln/Waldbröl
Melodierechte: Verlag Merseburger, Kassel

Text: Friedrich v. Bodelschwingh

779 O Herr, nimm unsre Schuld

Text und Weise: Hans Georg Lotz 1964
Satz A: Hans Georg Lotz
Satz B: Werner Göttle

3. Wir kennen dein Gebot, dem Bruder beizustehen,
und können oft nur uns und unsre Nöte sehen.

Aus: Singende Gemeinde 3, Begleitsätze, CS 84373;
Rechte: Verlag Singende Gemeinde, Wuppertal

Ohne Wasser können wir nicht leben 780

Text und Weise: Wolfgang Longardt
Satz: Hans-Jürgen Hufeisen

(Beim letzten Vers 𝄐)

2. Brunnen fließen und die Quellen springen,
   Bäume wachsen, Felder Früchte bringen.
   Ja, Gott schenkt uns Wasser hier auf Erden,
   darum soll dies unser Danklied werden.

3. Auf den Feldern wirken Tau und Regen
   und die Sonne unsern Erntesegen.
   Ja, Gott schenkt uns Wasser hier auf Erden,
   darum soll dies unser Danklied werden.

Rechte: Ulmtal Musikverlags GmbH, 6349 Greifenstein-Allendorf
Rechte des Arrangements bei H.-J. Hufeisen

781 Singet, danket unserm Gott

Weise: Horst Weber 1963
Satz: Frieder Maier 1984

*c. f. kann zusätzlich auch mit Oberstimmen besetzt werden

2. Lobet täglich unsern Gott, der uns Leben gibt.
Lobet täglich unsern Gott, der uns alle liebt.

3. Danket gerne unserm Gott. Er gibt Wein und Brot.
Danket gerne unserm Gott, Retter aus der Not.

4. Singet, danket unserm Gott, der die Welt erschuf.
Singet, danket unserm Gott und folgt seinem Ruf.

Aus: Herbert Beuerle „Schöne Musika"
Rechte: Burckhardthaus-Laetare Verlag GmbH, Gelnhausen

Text: Kurt Rommel 1963

Sag ja zu mir, wenn alles nein sagt 782

Weise: Aus Holland
Satz: Erhard Frieß 1984

2. Uns ist das Heil durch dich gegeben;
   denn du warst ganz für andre da.
   An dir muß ich mein Leben messen;
   doch oft setz ich allein das Maß.
   Tu meinen Mund auf...

3. Gib mir den Mut, mich selbst zu kennen,
   mach mich bereit zu neuem Tun.
   Und reiß mich aus den alten Gleisen;
   ich glaube, Herr, dann wird es gut.
   Tu meinen Mund auf...

4. Denn wenn du ja sagst, kann ich leben;
   stehst du zu mir, dann kann ich gehn,
   dann kann ich neue Lieder singen
   und selbst ein Lied für andre sein.
   Tu meinen Mund auf...

5. Zu viele sehen nur das Böse
   und nicht das Gute, das geschieht.
   Auch das Geringste, das wir geben,
   es zählt bei dir, du machst es groß.
   Tu meinen Mund auf...

Aus: „SCHALOM-Ökumenisches Liederbuch"
Rechte: Burckhardthaus-Laetare Verlag GmbH, Gelnhausen

Text: Diethard Zils 1970

783 Singt dem Herrn ein neues Lied

Text und Weise: Dieter Trautwein
Satz: Walther Haffner

Der Refrain wird zu Beginn, zwischen den Versen und zum Beschluß gesungen

2. Denn der Herr ist mit uns, öffnet Aug und Ohr, hüllt sich in die Zeichen und tritt doch hervor.
3. Denn der Herr ist mit uns, bricht uns selbst das Brot, übt mit uns das Danken, ob die Nacht auch droht.
4. Denn der Herr ist mit uns, wendet uns den Blick wieder zur Gemeinde und zum Dienst zurück.

Aus: „SCHALOM-Ökumenisches Liederbuch" Rechte: Burckhardthaus-Laetare Verlag GmbH, Gelnhausen

Singet dem Herrn ein neues Lied 784

Weise und Satz: Rolf Schweizer

Sin-get dem Herrn ein neu-es Lied, denn er tut Wun-der. Wun-der. Er sie-get mit sei-ner Rech-ten und mit sei-nem hei-li-gen Arm; der Herr läßt sein Heil ver-kün-di-gen, er of-fen-bart sei-ne Ge-rech-tig-keit.

Rechte: Hänssler-Verlag, Neuhausen-Stuttgart

Text: Psalm 98, 1 – 2

785 Singt das Lied der Freude

Text, Weise und Sätze: Dieter Hechtenberg

2. Singt das Lied der Freude über Gott!
   Lobt ihn laut, der euch erschaffen hat!
   Preist ihn, ihr Gewitter, Hagel, Schnee und Wind.
   Lobt ihn, alle Tiere, die auf Erden sind:
   Singt das Lied der Freude über Gott!

3. Singt das Lied der Freude über Gott!
   Lobt ihn laut, der euch erschaffen hat!
   Stimmt mit ein, ihr Menschen, preist ihn, groß und klein,
   seine Hoheit rühmen soll ein Fest euch sein:
   Singt das Lied der Freude über Gott!

Aus: Gerd Watkinson „111 Kinderlieder zur Bibel"
Rechte: Christophorus-Verlag, Freiburg und Verlag Ernst Kaufmann, Lahr

Lied 786 folgt nächste Seite

Soviel Freude hast du, Gott 787

Aus: Gerd Watkinson „9 x 11 neue Kinderlieder zur Bibel"
Rechte: Christophorus-Verlag, Freiburg und Verlag Ernst Kaufmann, Lahr

786 Singt und tanzt und jubelt

Text und Weise: Jesus-Bruderschaft
Sätze: Hans-Jürgen Hufeisen

von vorne bis 𝄐

(786)

von vorne bis 𝄐

Besetzungsvorschrift:

A Melodie im Refrain Trompeten
  Begleitung im Refrain Tenöre
B Melodie im Refrain Tenöre
  Begleitung (2. System) Trompeten
Verse normal vierstimmig

3. Niemals wird das Feiern zu Ende sein.
   Nach der Fremde bist du ja nun daheim.

Aus: „Mosaik-Sammelband", Jesus-Bruderschaft
Rechte: Präsenz-Verlag der Jesus-Bruderschaft, Gnadenthal
Rechte des Arrangements bei Hans-Jürgen Hufeisen

788 Stern über Bethlehem

Text und Weise: Alfred Hans Zoller 1963
Satz: Heinz Neubauer

1. Stern über Bethlehem, zeig uns den Weg, führ uns zur Krippe hin, zeig wo sie steht, leuchte du uns voran, bis wir dort sind, Stern über Bethlehem, führ uns zum Kind!

2. Stern über Bethlehem, nun bleibst du stehn
und läßt uns alle das Wunder hier sehn,
das da geschehen, was niemand gedacht,
Stern über Bethlehem, in dieser Nacht.

3. Stern über Bethlehem, wir sind am Ziel,
denn dieser arme Stall birgt doch so viel!
Du hast uns hergeführt, wir danken dir.
Stern über Bethlehem, wir bleiben hier!

4. Stern über Bethlehem, kehrn wir zurück,
steht noch dein heller Schein in unsrem Blick,
und was uns froh gemacht, teilen wir aus,
Stern über Bethlehem, schein auch zu Haus!

Aus: „In dieser Nacht", BE 809
Rechte: Gustav Bosse Verlag, Regensburg

Strahlen brechen viele aus einem Licht 789

Weise: Olle Widestrand 1974
Satz: Erhard Frieß 1984

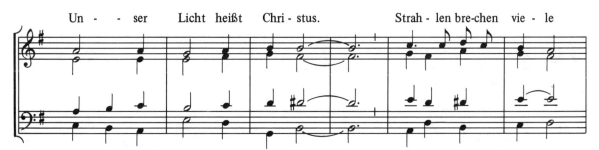

2. Zweige wachsen viele aus einem Stamm.
   Unser Stamm heißt Christus.
   Zweige wachsen viele aus einem Stamm –
   und wir sind eins durch ihn.

3. Gaben gibt es viele, Liebe nur eine.
   Liebe schenkt uns Christus.
   Gaben gibt es viele, Liebe nur eine –
   und wir sind eins durch ihn.

4. Dienste leben viele aus einem Geist,
   Geist von Jesus Christus.
   Dienste leben viele aus einem Geist –
   und wir sind eins durch ihn.

5. Glieder sind es viele, doch nur ein Leib.
   Wir sind Glieder Christi.
   Glieder sind es viele, doch nur ein Leib –
   und wir sind eins durch ihn.

Textrechte: Burckhardthaus-Laetare Verlag GmbH,
Gelnhausen

Text: Anders Frostensson 1972
Übertragung aus dem Schwedischen: Dieter Trautwein 1976

790 Suchet zuerst Gottes Reich

Weise: Karen Lafferty
Sätze: Wilhelm Mergenthaler

Originaltitel: Seek Ye First
Copyright 1972 Maranatha! Music. All rights reserved. International Copyright secured.
Used by permission only.

Deutscher Texter unbekannt

Unser Leben sei ein Fest 791

Weise: Peter Janssens
Satz: Wilhelm Schmidt

2. Unser Leben sei ein Fest.
Laßt uns atmen in der Freude,
unter Tränen, – alle Tage,
so wie gestern so auch heute.
Unser Leben sei ein Fest
an diesem Morgen und jeden Tag.

3. Unser Leben sei ein Fest.
Laßt uns lieben in der Freiheit
seine Erde, seine Menschen,
unsern Nächsten wie uns selber.
Unser Leben sei ein Fest
an diesem Morgen und jeden Tag.

4. Unser Leben sei ein Fest.
Laßt uns leben ihm zur Ehre.
Laßt uns singend ihm gehören
jetzt und alle Zeiten. Amen!
Unser Leben sei ein Fest
an diesem Morgen und jeden Tag.

Aus: „Wir haben einen Traum", 1972
Rechte: Peter Janssens Musik Verlag, Telgte

Text: Strophe 1: J. Metternich Team
Strophen 2 bis 4: Mündlich überliefert

Lied 792 folgt übernächste Seite

793 Vater unser im Himmel

Weise: Peter Janssens
Satz: Walther Haffner

Ab hier: Einsatz der Oberstimmen und Pauken

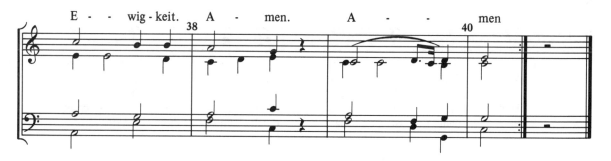

Oberstimmen und Pauken ad Libitum
(zum vorherigen Satz)

Aus: „Wir haben einen Traum", 1972
Rechte: Peter Janssens Musik Verlag, Telgte

Text: Matth. 6,9 bis 13

792 Vater unser, Vater im Himmel

Weise: Nach einem amerikanischen Vaterunser 1958
Bearbeitung: Oskar Gottlieb Blarr
Satz: Rolf Schweizer

1. Va - ter un - ser, Va - ter im Him - mel.
2. Wie im Him - mel, so auf Er - den.
3. Und ver - gib uns un - se - re Schuld.
4. Und führ uns, Herr, nicht in Ver - su - chung.
5. Denn dein ist das Reich und die Kraft.

Ge - hei - ligt wer - de dein Na - me! Dein Reich kom - me. Dein
Ge - hei - ligt wer - de dein Na - me! Un - ser täg - li - ches
Ge - hei - ligt wer - de dein Na - me! Wie auch wir ver - ge - ben
Ge - hei - ligt wer - de dein Na - me! Son - dern er - lö - se
Ge - hei - ligt wer - de dein Na - me! Und die Herr - lich - keit in

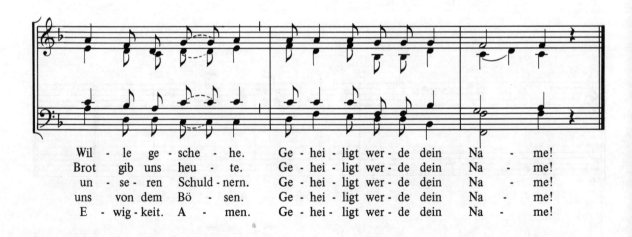

Wil - le ge - sche - he. Ge - hei - ligt wer - de dein Na - me!
Brot gib uns heu - te. Ge - hei - ligt wer - de dein Na - me!
un - se - ren Schuld - nern. Ge - hei - ligt wer - de dein Na - me!
uns von dem Bö - sen. Ge - hei - ligt wer - de dein Na - me!
E - wig - keit. A - men. Ge - hei - ligt wer - de dein Na - me!

Aus: „SCHALOM-Ökumenisches Liederbuch"
Rechte: Burckhardthaus-Laetare Verlag GmbH, Gelnhausen   Text-Gestaltung (nach Matth. 6, 9 bis 13): Ernst Arfken 1958

Agnus Dei 794

A-gnus De-i qui tol-lis pec-ca-ta mun-di. Mi-se-re-re no-bis.
(Do-na no-bis pa-cem.)

O Lamm Gottes, das du ___ trägst die Sün-de der Welt. Herr, er-barm dich un-ser.
(trägst) (Gib uns dei-nen Frie-den.)

Aus: „Gesang aus Taizé"
© Les Presses de Taizé
Deutsche Rechte: Christophorus-Verlag, Freiburg i. Br.   Kanon: J. Berthier

Weil Gott in tiefster Nacht erschienen 795

Text und Weise: Dieter Trautwein 1963
Satz: Herbert Beuerle 1972

1.-5. Weil Gott in tief-ster Nacht er-schie-nen, kann uns-re Nacht nicht trau-rig sein.

1. Der im-mer schon uns na-he war, stellt sich als Mensch den Men-schen dar.

D. C. al Fine

2. Bist du der eignen Rätsel müd?
   Es kommt, der alles kennt und sieht.
   Weil Gott in tiefster Nacht erschienen,
   kann unsre Nacht nicht traurig sein.

3. Er sieht dein Leben unverhüllt,
   zeigt dir zugleich dein neues Bild.
   Weil Gott in tiefster Nacht erschienen,
   kann unsre Nacht nicht traurig sein.

Aus: „SCHALOM-Ökumenisches Liederbuch"
Rechte: Burckhardthaus-Laetare Verlag GmbH, Gelnhausen

796 Wenn wir jetzt weitergehen

Text und Weise: Kurt Rommel 1967
Satz: Hermann Stern 1971

2. Wir nehmen seine Worte und Taten mit nach Haus,
   wir nehmen seine Worte und Taten mit nach Haus
   und richten unser Leben nach seinem aus,
   und richten unser Leben nach seinem aus.

3. Er hat mit seinem Leben gezeigt, was Liebe ist,
   er hat mit seinem Leben gezeigt, was Liebe ist.
   Bleib bei uns heut und morgen, Herr Jesu Christ,
   bleib bei uns heut und morgen, Herr Jesu Christ.

Aus: „Gott schenkt Freiheit"
Rechte: Burckhardthaus-Laetare Verlag GmbH, Gelnhausen

Wer bringt dem Menschen, der blind ist, das Licht? 797

Weise und Harmonie-Schema: Oskar Gottlieb Blarr
Satz: Hans-Jürgen Hufeisen

Aus: „Neue geistliche Lieder", BE 809
Rechte: Gustav Bosse Verlag, Regensburg

Text: Hans Jürgen Netz

nach Lied 797 kommt folgende Reihenfolge: 799, 798, 801, 800

Lied 798 folgt übernächste Seite

799 Wir bitten, Herr, um deinen Geist

Weise, Intonation und Satz A:
Hans Rudolf Siemoneit 1971
Satz B: Dietrich Wimmer 1984

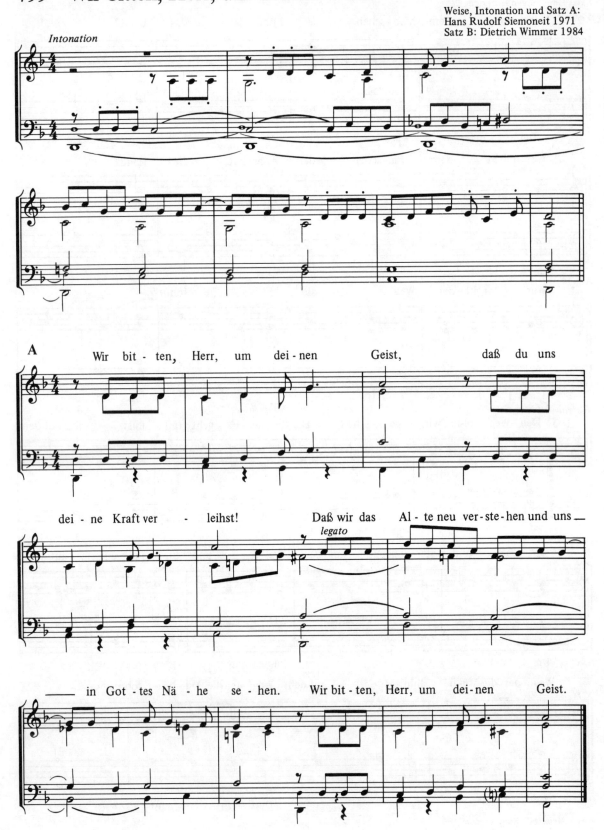

B

2. Wir bitten, Herr, um deinen Geist,
   daß du uns deine Kraft verleihst!
   Wir wollen nicht nur Fragen nennen,
   wir möchten auch die Antwort kennen.
   Wir bitten, Herr, um deinen Geist!

3. Wir bitten, Herr, um deinen Geist,
   daß du uns deine Kraft verleihst!
   Auch wenn wir fürchten zu versagen,
   so laß und doch die Antwort wagen.
   Wir bitten, Herr, um deinen Geist!

Aus: „SCHALOM-Ökumenisches Liederbuch"
Textrechte: Burckhardthaus-Laetare Verlag GmbH, Gelnhausen
Rechte für Melodie und Satz: Hänssler-Verlag, Neuhasuen-Stuttgart

Text: Dieter Trautwein 1964

Lied 800 folgt übernächste Seite

798 Wer getragen wird, kann tragen

Weise: Herbert Beuerle 1972
Satz: Erhard Frieß 1984

1. Wer getragen wird, kann tragen.
   Treue macht ihn dazu fest,
   daß er keinen seiner Brüder
   sich alleine überläßt.

2. Wer getröstet wird, kann trösten.
   Solcher Trost macht dazu fest,
   daß er seinen Bruder niemals
   trauern und verzweifeln läßt.

3. Wer geliebt wird, der kann lieben.
   Liebe macht ihn dazu fest,
   daß er unter keinem Umstand
   seinen Bruder fallen läßt.

4. Darum traget, darum tröstet,
   haltet an der Liebe fest.
   Ihr könnt tragen, trösten, lieben,
   weil euch Gott nicht fallen läßt.

Aus: „Sing mit V"
Rechte: Burckhardthaus-Laetare Verlag GmbH, Gelnhausen

Text: Kurt Rommel 1970

Wir sprechen verschiedene Sprachen 801

Weise und Bläser-Satz: Herbert Beuerle 1973/80

1. Wir sprechen verschiedene Sprachen, wir wohnen hier oder dort. Wir tragen verschiedene Namen, wir hören das selbe Wort.

Melodie zu Vers 2 (dazu Begleitstimmen von 1)

2. Wir leben mit vielerlei Sorgen, ein jeder hat seine Not, ein jeder geht eigene Wege, wir teilen das selbe Brot.

Melodie zu Vers 3 (dazu Begleitstimmen von 1)

3. Wir denken verschieden von morgen, wir fürchten und hoffen zugleich. Wir stellen uns Fragen um Fragen, wir sagen: Es komme dein Reich!

Textrechte: J. Pfeiffer Verlag, München (Aus: „Texte der Zuversicht")
Melodierechte: Burckhardthaus-Laetare Verlag GmbH, Gelnhausen (Aus: „Sing mit V")   Text: Lothar Zenetti 1971

800 Wir sind eins in dem Herren

Text und Weise: Peter Scholtes 1966
Deutsche Fassung: Konrad Raiser 1972
Sätze: Hans-Jürgen Hufeisen

A

1. Wir sind eins in dem Her-ren, wir sind eins in dem Geist. Wir sind eins in dem Her-ren, wir sind

eins in dem Geist. Und wir bit-ten um Ein-heit, wie sie Chri-stus uns ver-heißt. *Refrain* Uns-re

Lie-be sei Zei-chen für die Welt, für die Welt, uns-re Lie-be sei Zei-chen für die Welt.

B

2. Wir gehören zusammen, einen Weg wolln wir gehn.
   Wir gehören zusammen, einen Weg wolln wir gehn.
   Und wir sagen es weiter: Gottes Reich ist im Entstehn.
   Unsre Liebe sei Zeichen für die Welt, für die Welt,
   unsre Liebe sei Zeichen für die Welt.

3. Wir stehn ein füreinander, und für Menschen in Not,
   wir stehn ein füreinander, und für Menschen in Not,
   auch für Würde und Freiheit, die durch Menschen sind bedroht.
   Unsre Liebe sei Zeichen für die Welt, für die Welt,
   unsre Liebe sei Zeichen für die Welt.

4. Lob und Preis sei dem Vater, der geschaffen, was ist.
   Lob und Preis seinem Sohne, unserm Helfer, Jesus Christ.
   Lob und Preis sei dem Geiste, der das Band der Einheit ist.
   Unsre Liebe sei Zeichen für die Welt, für die Welt,
   unsre Liebe sei Zeichen für die Welt.

Aus: „Hymnal for young Christians", F.E.L. Church Publications, Ltd.
Rechte des Arrangements bei H.-J. Hufeisen

802 Wir sind mitten im Leben

Weise und Bläsersatz: Herbert Beuerle 1970/82

2. Wir gehören für immer dem Herrn, der uns liebt;
   was auch soll uns geschehen, er nimmt und er gibt.

3. Wir sind mitten im Sterben zum Leben bestimmt;
   was da fällt, soll erstehen. Er gibt, wenn er nimmt.

Aus: „SCHALOM-Ökumenisches Liederbuch"
Rechte: Burckhardthaus-Laetare Verlag GmbH, Gelnhausen

Text: Lothar Zenetti 1970

Wo ein Mensch Vertrauen gibt 803

Weise: Fritz Baltruweit
Satz: Dietrich Wimmer 1984

Original E-Dur
Intonation

2. Wo ein Mensch den andern sieht,
nicht nur sich und seine Welt,
fällt ein Tropfen von dem Regen,
der aus Wüsten Gärten macht.

3. Wo ein Mensch sich selbst verschenkt
und den alten Weg verläßt,
fällte ein Tropfen von dem Regen,
der aus Wüsten Gärten macht.

Textrechte: tvd-Verlag, Düsseldorf
Melodierechte beim Urheber

Text: Hans-Jürgen Netz

804 Wohin denn sollen wir gehen

Weise und Satz: Horst Weber

Intonation

3 Tromp. ad lib. (Melodie auch mit Pos. ad lib. mitspielen)

1. Wo - hin denn sol - len wir ge - hen, wenn nicht zu dir, Herr?
Auf wen denn sol - len wir se - hen, wenn nicht auf dich, Herr?

(Kleine Noten nur bei Wiederholung)

O Herr, du Mei - ster, o Herr, du Gott, wir blei - ben ganz bei dir, dir!

Weiterer Begleitsatz Ulmer Sonderdruck IX, Seite 3

Rechte: Burckhardthaus-Laetare Verlag GmbH, Gelnhausen

Text (zu Joh. 6, 68): Kurt Rommel 1962

Kyrie eleison 805

(Griechisch und/oder deutsch gesungen)

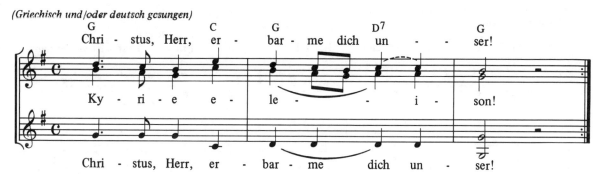

Rechte: J. F. Steinkopf Verlag GmbH, Stuttgart

Satz: J. Berthier

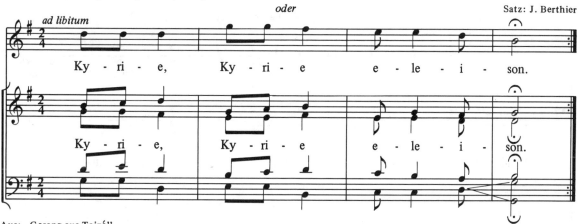

Aus: „Gesang aus Taizé"
© Les Presses de Taizé
Deutsche Rechte: Christophorus-Verlag, Freiburg i. Br.

Herr, erbarme dich 806

Weise: Peter Janssens
Satz: Erhard Frieß 1984

Aus: „Ein Halleluja für dich", 1973
Rechte: Peter Janssens Musik Verlag, Telgte

807 Ehre sei Gott in der Höhe

Weise und Harmonie-Schema: Oskar Gottlieb Blarr 1977
Satz Martin Frieß (1984)

Rechte: Strube Verlag GmbH, München

Text: Dieter Trautwein 1977

Wer wohnt unterm Schirm des Höchsten (Psalm 91) 808

Weise: Joseph Gelineau 1953

Rechte: Präsenz-Verlag der Jesus-Bruderschaft, Gnadenthal
Anm.: Aus dem Psalter der Bibel von Jerusalem.
Chorsatz in den Psalmengesängen der Communauté Taizé

Text: Psalm 91

Weise: Jesus-Bruderschaft
Sätze: Wilhelm Mergenthaler

Segne uns, o Herr 809

Aus: „Mosaik-Sammelband", Jesus-Bruderschaft
Rechte: Präsenz-Verlag der Jesus-Bruderschaft, Gnadenthal

810 Mit lauter Stimme ruf ich zum Herrn

Weise: Peter Janssens 1965
Satz: Theodor Hütterott

Aus: „Alles was atmet, lobe den Herrn"
© EDITION SCHWANN MUSIKVERLAG, Frankfurt, 1965

Text: Psalm 142, 1 bis 4a und 6 in der
Übersetzung von Romano Guardini

811 O Herr, mach mich zu einem Werkzeug

Wechselgesang A-B-A oder A-B-A-C-A-D-A

Aus: „Bausteine für den Gottesdienst"
Rechte: Hänssler-Verlag, Neuhausen-Stuttgart

Text: Aus „Souvenir Normand" etwa 1913

814 Anhang:

Liturgische Stücke
für die Evangelische Landeskirche in Württemberg

(für die Posaunenchöre hier angefügt; diese Stücke sind nicht im Melodie-Heft Neue Lieder II enthalten)

Einfaches Amen

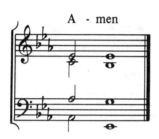

oder

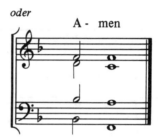

oder

oder

Das Glaubensbekenntnis
Wir glauben all an einen Gott

Gesb. 133

15. Jahrhundert
Martin Luther 1542

1. Wir glauben all an einen Gott, Schöpfer Himmels und der Erden,
der sich zum Vater geben hat, daß wir seine Kinder werden.
Er will uns allzeit ernähren, Leib und Seel auch wohl bewahren;
allem Unfall will er wehren, kein Leid soll uns widerfahren;
er sorget für uns, hüt' und wacht, es steht alles in seiner Macht.

Nach Strophe 3: A - men. *oder* A - men.

Der Lobpreis

Dem Psalm schließt sich in der Regel das Ehre sei dem Vater (Gloria patri) an.

Wir glauben Gott im höchsten Thron

Gesb. 133
Weise und Satz: Christian Lahusen 1948 bezw. 1952

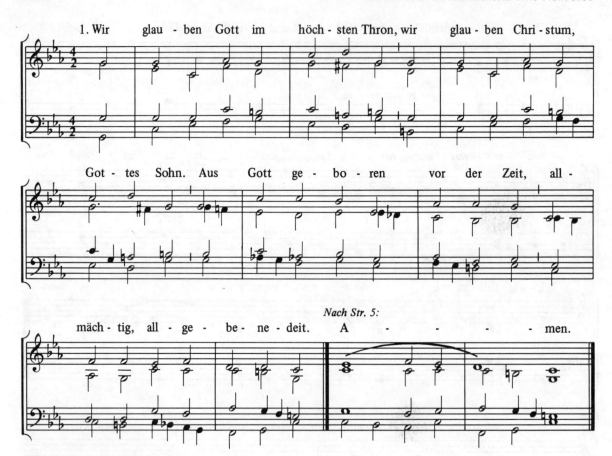

Dreifaches Amen

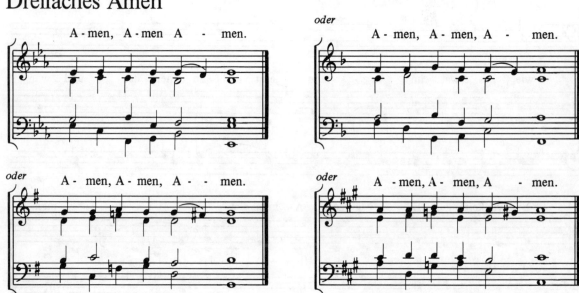

oder in anderen Tonarten (zwischen Es-dur und A-dur)